7
LK 1039.

# GUIDE
# BLOIS ET AUX CHATEAUX

## DES ENVIRONS.

**Notice inédite, illustrée de neuf Gravures sur bois**

### ET D'UNE LITHOGRAPHIE.

Première Edition.

## BLOIS,
# HÔTEL D'ANGLETERRE,

sur le Quai, en face le Pont.

1852.

### Note de l'Éditeur.

Depuis longtemps le Voyageur passant à Blois se plaignait de trouver sur notre ville et ses environs, si riches en souvenirs historiques et en monuments remarquables, que des Histoires d'un mérite incontestable, mais souvent d'un volume peu commode en voyage, et toujours difficiles à consulter pour l'étranger, obligé de chercher l'indication et la description des lieux intéressants qu'il traverse, dans le récit des faits historiques dont ils ont été les témoins. Blois ressentait souvent le contre coup de ce vide.

Pressé par un homme intelligent, désireux de prouver au pays qu'il tent d'adopter tout l'amour qu'il lui porte, nous avons essayé de combler cette lacune. Le public jugera si nous avons réussi ; il nous saura gré, nous l'espérons du moins, d'avoir essayé de lui être agréable.

---

*Ouvrages à consulter.*

HISTOIRE DU CHATEAU DE BLOIS, par M. L. de La Saussaye, publié en 1840, réimprimé en 1850 (édit. Charpentier).

CHATEAU DE CHAMBORD, par le même, édit. in-4°.

HISTOIRE DE BLOIS ET DE SON TERRITOIRE, par G. Touchard-Lafosse. 1846 (édit. Charp.).

HISTOIRE DE BLOIS, par L. Bergevin et A. Dupré. 2 vol. in-8°. (édit. 1847).

ALBUM DES CHATEAUX DE BLOIS RESTAURÉ, CHAMBORD, CHAUMONT, CHENONCEAUX et AMBOISE, publié en 1851 par Arthur Prevost, libraire à Blois.

HÔTEL D'ANGLETERRE A BLOIS.

L'HOTEL D'ANGLETERRE, dont la position [ad]mirable et peut-être unique, le confortable et la bonne [ad]ministration ont établi depuis si longtemps la réputation, [ne] veut point seulement offrir aux nombreux Voyageurs [qu]i l'honorent de leurs visites les soins d'un hôte atten[tio]nné et l'attrait d'un séjour que sa position seule recom[m]anderait, il désire encore leur laisser un souvenir qui les [sui]ve et les guide dans leurs visites aux Châteaux du Blai[soi]s, et les prie d'accepter l'hommage du *Guide à Blois et [au]x Châteaux des environs,* qu'on a composé pour lui.

CANAUX.

---

CABRIOLETS et VOITURES à deux et plusieurs chevaux, pour ex[cu]rsions aux environs et pour voyages.

CONDUCTEURS et INTERPRÈTES pour visites à Blois, Chambord, [Che]nars, Chaumont, Chenonceaux, Amboise, etc....

POSTE AUX CHEVAUX à côté de l'Hôtel.

# BLOIS

## ET SES MONUMENTS.

BLOIS, chef-lieu du département de Loir-et-Cher, est si[tué] sur la rive droite de la Loire à 18 myriamètres de Paris [et] renferme dix-sept mille âmes.

La ville *(castrum Blesense ou Belsence)*, bâtie sur le [co]teau, est séparée du faubourg de Vienne *(insula Evenna)*, [pa]r la Loire, sur laquelle a été jeté un beau pont en pierre, [co]mmencé en 1717 sous la régence du duc d'Orléans et ter[m]iné en 1724 sur les plans des architectes Gabriel et Pitou.

Son Château, un des plus admirables et des plus riches [en] souvenirs historiques de notre France, s'élève sur le cô[te]au qui domine la Loire; on y lit quatre époques bien [di]stinctes d'architecture.

La plus ancienne renferme la *salle des États*, elle date des [co]mtes de Châtillon, au XII$^e$ siècle; la chapelle et le corps [de] bâtiment dans lequel se trouve la porte principale ont été [co]nstruits par Louis XII.

La partie la plus remarquable est celle bâtie par François I$^{er}$; [c'e]st dans cette partie que M. Duban, directeur des travaux [de] la Sainte-Chapelle, a su faire revivre dans la restauration [or]donnée en 1843, les splendeurs d'ornementation du XVI$^e$ [siè]cle. Cette restauration a été l'occasion de l'éclaircissement [d']un fait historique important, l'assassinat du duc de Guise.

Le corps de bâtiment qui fait face à la porte d'entrée a été [éd]ifié par Gaston d'Orléans, il offre les lignes imposantes

s constructions de cette époque. Cette partie du château
t aujourd'hui de caserne d'infanterie.

Les Bains de Catherine de Médicis qui font face aux ga-
ies du château du côté du couchant, servent encore de
nutention des vivres de la guerre, et sont destinés à ren-
mer le Musée que la ville vient de fonder; ils communi-
aient avec le château par une galerie qui traversait *les
dins*, devenus aujourd'hui partie une propriété privée,
partie occupés par les *frères de l'Ecole Chrétienne*.

Saint-Nicolas ou Saint-Laumer, que l'on voit sous ses
ds, de *l'Observatoire de Catherine de Médicis*, est la
s belle église de Blois. Sa construction date de 1138.
lée par les Calvinistes en 1567, elle fut restaurée par
ston; fermée à la révolution de 93, et bientôt après ré-
verte, on y réunit la paroisse de *Saint-Martin*, sur la-
elle se trouvaient les bâtiments occupés aujourd'hui par la
ndarmerie, le *Collége* qui a vu débuter les deux *Thierry*,
cole Mutuelle, la salle de Spectacle et la *place Louis XII*.

L'Hôtel-Dieu, fondé par Thibaud V et doté successi-
nent par François I$^{er}$, Henri II et Gaston, est un hospice
il et militaire pour les malades. Il est établi dans les bâti-
nts de l'ancienne abbaye de Saint-Laumer, et vient d'être
tauré avec autant d'intelligence que de goût; il ren-
me trois cent soixante-cinq lits.

L'Hôpital-Général que l'on voit en face, sur l'autre rive
la Loire, a été fondé par le frère de Louis XIII. Cet éta-
ssement destiné dès l'origine à recevoir les pauvres, hom-
s, femmes et enfants, n'a pas changé de destination, il
ueille aujourd'hui cent vingt vieillards des deux sexes et
atre-vingts enfants.

Saint-Louis de Blois, autrefois *Sainte Solenne*, dont on
erçoit la masse plus imposante qu'élégante dominer la
le et le bourg Saint-Jean, a été presque entièrement re-
struit en 1618 par le ministre Colbert. C'est à cette

MAISON DE DENIS DUPONT.

époque qu'un *évêché* fut fondé à Blois. Le palais épiscopal, occupé après la révolution par les administrations départementales, a été rendu à sa première destination avant 1830. On y admire sa magnifique terrasse, d'où l'on aperçoit Chambord. Le siége épiscopal est aujourd'hui occupé par monseigneur Pallu du Parc.

C'est à l'Évêché de Blois, alors préfecture, que résida, pendant les premiers jours de l'invasion, Marie-Louise avec le roi de Rome, et c'est de là qu'elle partit pour ne plus revoir Napoléon.

La BIBLIOTHÈQUE de Blois, établie dans les bâtiments de *la Mairie*, sur le quai, entre le Port et la jolie promenade du *Mail*, est une des belles collections de la France départementale; elle renferme aujourd'hui vingt mille volumes. Elle a été en partie formée de la bibliothèque de M. de Themines, ancien évêque de Blois, qui avait réuni celles des abbayes de Saint-Laumer, de Bourg-Moyen et de Pont-Levoy.

La PRÉFECTURE, sur la place de la République, autrefois la *Grande Pièce*, est une bâtisse récente. Elle occupe les terrains de l'ancien couvent de la Visitation, dont on voit encore une chapelle.

Le PALAIS DE JUSTICE, à droite de la Préfecture, a été construit en 1844, sur les plans de M. Massé, architecte de Blois.

La HALLE AUX GRAINS, qui fait face au Palais de Justice, encadre gracieusement la place. Cette construction, due aux plans de M. Delamorandière, ne serait point déplacée dans une de nos plus grandes villes.

Derrière les Halles on a élevé, sous la restauration, un grand bâtiment destiné à remplacer *le Séminaire*, aliéné sous la révolution. De nombreux élèves sont entrenus dans cet établissement.

L'ASILE DES ALIÉNÉS, élève ses nombreuses et riantes bâtisses en face du Séminaire, sur la route de Paris; cet établissement, à la naissance duquel présida M. Marin des Brosses, son premier directeur, prend des proportions importantes sous l'habile direction du docteur Billod; il compte aujourd'hui trois cents pensionnaires des deux sexes.

L'Église des Jésuites, naguères encore succursale de Saint-Nicolas et paroisse seulement depuis trois ans, a été construite à peu près aux frais de Gaston d'Orléans. La façade et le dôme extérieur ne manquent pas de style. Les bâtiments situés à droite de cette église, et qui étaient autrefois occupés par un collége de jésuites, sont affectés au Bureau de Bienfaisance.

En quittant la place des Jésuites on gagne, par un escalier monumental, le chemin des *Grandes Allées*, plantées jadis sur près de quatre kilomètres par Catherine de Médicis et conduisant jusqu'à la forêt de Blois. L'Embarcadère du chemin de fer d'Orléans à Bordeaux se trouve sur ces allées. Cet édifice est d'une construction simple, mais assez monumentale. M. d'Argy est chargé du service de la gare de Blois.

A peu de distance de l'embarcadère, on aperçoit à gauche, sur la crête du coteau, un monticule imposant, la *Butte des Capucins*. Longtemps on discuta sur l'origine de cet amas de terres hier encore couronné d'un arbre séculaire que va remplacer, dit-on, la statue colossale de *Denis Papin*, le célèbre docteur qui le premier appliqua la force de la vapeur, et qui est né à Blois le 22 août 1647. La version la plus accréditée est celle qui fait élever cette butte dans un temps de disette, pour donner du travail à toute une population indigente.

Il nous reste encore à citer la *Tour Beauvoir*, servant aujourd'hui de *Prison*, monument du XIIe siècle.

L'Hotel d'Alluye, situé rue Saint-Honoré, demeure de Florimond Robertet, ministre de Louis XII et surintendant des finances sous François Ier.

La maison de Denis Dupont, célèbre jurisconsulte au XVIe siècle, située près l'hôtel d'Alluye.

L'ÉGLISE SAINT-SATURNIN, au faubourg de Vienne, qui date du IXe siècle, mais reconstruite plusieurs fois depuis et notamment au XVIe siècle, par Anne de Bretagne.

BLOIS, qui renferme une population protestante assez importante, a un temple établi sur l'emplacement d'anciennes constructions des Minimes, dans le quartier du Bourg-Neuf.

HUIT FONTAINES et deux pompes forment en ce moment tout le système hydraulique de la ville. Une seule de ces fontaines est de forme monumentale; sa construction remonte au règne de Louis XII, dont elle a gardé le nom. On pose en ce moment les tuyaux de conduite des eaux qu'une pompe à vapeur va bientôt porter du lit de la Loire sur les hauteurs de la ville où sera construit le château-d'eau, pour les distribuer dans tous les quartiers.

---

*Quelques noms Blaisois célèbres dans l'histoire, les sciences et les arts.*

AUCHER-ÉLOY, naturaliste, né le 2 octobre 1793, mort à Ispahan le 6 octobre 1838.
BAILLY (Marin), médecin, né en 1795, mort à Paris le 16 février 1827.
BELLIARD (Jean); poëte du XVIe siècle.
BERGEVIN (Claude-Louis), né en 1743, géographe.
BERNIER (Jean), né le 16 avril 1627, médecin; historien du Blaisois.
BOURGEOIS (Louis), né en 1492, médecin de François Ier.
BUNEL (Jacob), peintre, né en 1558.
CHARLES, comte de Blois, né en 1319.
CHARPENTIER, mécanicien, né en 1734.
DINOCHAU (Samuel), député du Tiers-État, né en 1752.
DUPONT (Denis), célèbre jurisconsulte, né vers la fin du XVe siècle.
GRIBELIN (Simon), peintre et graveur, né en 1661.
LOUIS XII, roi de France.
PAPIN (Denis), docteur et physicien, né le 22 août 1647.
PARDESSUS (Jean-Marie), jurisconsulte, né le 11 août 1772.
PIERRE DE BLOIS, théologien, né en 1130.
RENÉE DE FRANCE, fille de Louis XII, née le 5 octobre 1509.
ROBERT DE BLOIS, poëte du XIIIe siècle.
ROBERTET FLORIMOND, trésorier de France.
SAINT-ANGE (Fariau DE), académicien, né le 15 octobre 1747.
LA SAUSSAYE (Louis DE), archéologue, né le 7 mars 1801.
SIMON (Léon), médecin homœopathe, né le 28 novembre 1798.
THIERRY (Augustin), historien, né le 10 mai 1795.
THIERRY (Amédée), historien, né le 11 août 1797.
TRIBOULET, fou de François Ier.

# CHAMBORD.

Il existait au XII<sup>e</sup> siècle, sur l'emplacement où s'élève maintenant cette féerique construction, un manoir appartenant aux comtes de Blois. Chambord passa à la maison d'Orléans avec le comté de Blois. L'amour de François I<sup>er</sup> pour la belle comtesse de Toury, fit de ce boulevart du Blésois une villa grandiose. Chambord fut commencé en 1526; quelqu'activité que mit dans cette construction le roi paladin, il ne put la voir achever. Henri II et Charles IX continuèrent et terminèrent les travaux de leur aïeul. Serlio et Mansard changèrent un peu les plans primitifs attribués au Primatrice, mais que l'on a des raisons de croire sortis du génie de quelque artiste blésois.

Chambord est une œuvre unique qu'il faut voir pour bien la comprendre. Le plan général des constructions forme un carré long de quatre-vingts toises sur soixante. La décoration extérieure est simple jusqu'au niveau des terrasses. La partie prestigieuse du monument est la disposition pyramidale des combles. Nulle part on ne trouve une chose comparable à la couronne si gracieuse, si légère, si délicieusement fantastique, qui semble à peine poser sur le château. On a peine à comprendre comment ce travail, qui a dû réunir les efforts d'habileté des Jean Goujon, des Germain Pilon et des Pierre Bontems, a pu se terminer en douze années.

Nous ne dirons rien des quatre cent quarante appartements intérieurs que renferme le château, leur état actuel rend regrettable leur ancienne splendeur. Le grand escalier, qui forme le centre du château, a cela de remarquable que sa rampe double laisse deux personnes parties du même point, arriver à un même sommet, sans pouvoir se rencontrer et sans pourtant cesser de se voir. Le château était autrefois entouré de fossés qu'alimentaient les eaux du Cosson. Ces fossés ont été comblés par Stanislas Leczinski, roi de Pologne, pendant sa retraite à Chambord.

Jusqu'à la révolution, Chambord resta l'apanage de la couronne. François Ier et Henri II en firent l'asile peu mystérieux de leurs amours. Charles IX y parut rarement, et Louis XIII, qui l'aimait, en fit souvent ses repos de chasse. Louis XIV y fit quelques jours briller son prétentieux soleil. Napoléon, qui avait le sentiment du grandiose, ne voulut point laisser disparaître sous la lime sourde du temps et des démolisseurs cette splendide construction. Il la donna au maréchal Berthier, prince de Neufchâtel et de Wagram, avec cinq cent mille francs de rentes sur la navigation du Rhin. Jusqu'à la mort de Berthier, Chambord recouvra, sinon sa première splendeur, du moins sa vie. La princesse de Wagram n'obtint qu'en 1820 l'autorisation d'aliéner ce domaine, qui fut acheté par une souscription nationale et offert au duc de Bordeaux. La duchesse de Berry vint, en 1828, en prendre possession au nom de son fils qui, depuis 1830, a pris à l'étranger le titre de comte de Chambord.

Le château de Chambord sans être restauré, est du moins entretenu de manière à le préserver d'une ruine complète. Ses revenus, qui consistent surtout dans la vente des bois de son parc, qui n'a pas moins de sept lieues de circonférence, sont en entier consacrés à cet entretien.

Distant de Blois de 15 kilomètres seulement, Chambord reçoit chaque jour de nombreux visiteurs. La rapidité de nos chemins de fer et les faciles moyens de transport qui leur correspondent, laissent au voyageur, même le plus affairé, le loisir d'admirer ce magnifique édifice, dont on peut vraiment dire : *Il n'y a au monde qu'un Chambord!*

# MENARS.

Menars que l'on rencontre à dix kilomètres de Blois sur la rive droite de la Loire, n'offre de remarquable que son château, dont la construction ne remonte pas au-delà du VIII$^e$ siècle. Il existait bien sous Henri II un vicomté de Menars, le roi Stanislas habita Menars avant d'accepter la demeure princière de Chambord; mais ce fut M$^{me}$ de Pompadour qui fit bâtir le château que nous voyons aujourd'hui. Sous Louis XVIII, quand la terre de Menars fut devenue la propriété du duc de Bellune, les traditions galantes de la chatoyante marquise se conservèrent sous ses lambris dorés, mais eurent un dénouement tragique dont le retentissement ne fut pas calmé sans peine.

Menars appartient aujourd'hui au comte de Brigod, beaufils du prince de Chimay, qui en 1830 y avait établi sous le nom de Prytané une institution composée d'un collége, une école de commerce et d'agriculture et une école d'arts et métiers. La carrière diplomatique suivie par le prince de Chimay l'éloigna de Menars; et de ses fondations, il ne reste plus aujourd'hui que l'école d'arts et métiers, habilement dirigée et avec succès par M. Fichet.

*Station du chemin de fer d'Orléans à Bordeaux.*

# BURY.

En se reportant au nord de Blois, vers la commune de Saint-Secondin, on aperçoit les ruines du château de *Bury*, qui fut au XVIe siècle le plus beau monument de la contrée après Chambord. Château fort d'abord, il fut rebâti, avec magnificence par Florimond Robertet, ministre de Louis XII. Ses héritiers l'aliénèrent au profit de Charles de Rostaing, qui le réunit à la terre d'Onzain. Au XVIIe siècle il tombait déjà en ruines, et aujourd'hui ses illustres décombres laissent à peine entr'ouverts quelques souterrains béants à travers les herbes folles.

### LA GUICHE.

De l'autre côté de la Cisse qui coule aux pieds de *Bury*, on remarque les restes de l'ancienne abbaye de la *Guiche*, fondée en 1272, par Jean de Châtillon et Alix de Bretagne, sous l'invocation de la Vierge. L'église et l'abbaye de la *Guiche* qui ont joui pendant longtemps d'une grande splendeur, ont été détruites à la révolution. Elles étaient riches de mausolées et de tombes des comtes de Blois. Deux seulement ont été conservées dans la petite chapelle bâtie sur l'emplacement de l'ancien maître-autel.

### ORCHAISE.

Sur la commune du même nom, attire les pas du voyageur curieux des beaux sites et des grottes souterraines. Celles d'*Orchaise*, par leur étendue, les accidents de terrain, les sources et les autres phénomènes naturels qu'elles renferment, en font un but de promenade aussi intéressant que fertile en émotions diverses.

# CHAUMONT.

En descendant la Loire un peu au-dessous *d'Onzain* dont le château qui remontait au XII<sup>e</sup> siècle n'existe plus, et qui n'a guère laissé son nom dans l'histoire que par le séjour qu'y fit le prince de Condé, prisonnier de Catherine de Médicis, et plus tard Voltaire ami du comte de Varax, alors propriétaire de la terre d'Onzain, on aperçoit le *château de Chaumont*, berceau du cardinal d'Amboise.

Au XI<sup>e</sup> siècle la forteresse de Chaumont servit de refuge au *diable* de Saumur; tombée en la possession des comtes de Blois sous Thibault IV, elle fut rasée. Un nouveau château s'éleva sur ses ruines, car dès 1431 il fut confisqué par Charles VII sur Louis d'Amboise qui avait pris parti pour les Anglais. A la fin du XVI<sup>e</sup> siècle, Catherine de Médicis obligea Diane de Poitiers à échanger cette terre contre Chenonceaux. Chaumont passa ensuite à la maison d'Effiat. Durant la révolution, il appartenait à M. Leray, riche négociant qui se trouvait en Amérique lors du séjour qui fit M<sup>me</sup> de Staël. Napoléon fit prier l'auteur de *Corinne* de ne pas s'installer dans cette résidence. Chaumont après avoir été quelque temps la propriété de la famille d'Etchegoyen, fut acquis par M. d'Aramon qui y fit d'importantes restaurations. Il est habité aujourd'hui par M. le vicomte de Walsh, qui y conserve avec délicatesse les traditions de ses illustres hôtes et a le bon goût de laisser admirer les riches collections que renferme sa demeure, souvenir vivant de tant de faits importants de notre histoire.

# PONT-LEVOY.

Derrière la forêt qui sert de fond de paysage à Chaumont, s'étend la vaste plaine de *Pont-Levoy*. La chronique fait remonter la fondation de *Notre-Dame-des-Blanches* à Pont-Levoy au XIe siècle, et l'attribue à Gelduin auquel les religieux de Saint-Benoît ouvrirent les sépultures de l'église de Saint-Pierre ainsi qu'à ses descendants. Plusieurs fois dévastée, cette riche abbaye se releva plus brillante sous Charles VII. L'abbé François de Brilhac en voulut faire la rivale de *Saint-Laumer* et de la *Trinité de Vendôme*, mais il ne put achever que le chœur que l'on voit aujourd'hui. En 1568, les calvinistes dévastèrent Pont-Levoy, mais elle s'enrichit de nouveau sous Louis de Brézé et le cardinal de Bourbon. De la maison de Cheverny elle passa bientôt entre les mains d'Armand Duplessis, cardinal de Richelieu; mais ce fut réellement lorsque Pierre de Berulle en vint prendre possession, que l'importance de Pont-Levoy se révéla. En 1671, le nombre des élèves de l'école était déjà considérable. En 1698, Pont-Levoy fut réuni au siége épiscopal de Blois. En 1776, Louis XVI lui donna le titre d'École royale militaire et y fonda cinquante bourses pour les fils des chevaliers de Saint-Louis. Au XVIIIe siècle on classait Pont-Levoy au même rang qu'*Oxford* et *Cambridge*. La révolution vint suspendre un peu cette célébrité qui brilla de nouveau sous M. Chappotin. MM. Sarrut, Gratterez et Demeuré en furent successivement directeurs.

L'École de Pont-Levoy appartient aujourd'hui au prince de Chalais et à M. le marquis de Vibray; elle est dirigée avec autant de sollicitude que d'élévation, par M. l'abbé Peschoud, qui lui a rendu son antique célébrité.

TOUR DE MONTRICHARD

## Montrichard. — Nanteuil. — Saint-Aignan. Selles-sur-Cher.

MONTRICHARD, à peu de distance de Pont-Levoy, n'offre plus au voyageur de monuments de son ancienne splendeur, qu'une vieille tour des temps féodaux, qui se dresse encore fière sur la crête de son rocher et la chapelle de Nanteuil, monument où l'on retrouve des caractères du XI$^e$ siècle et des suivants jusqu'au XVI$^e$. A une lieue au-delà de Montrichard on rencontre le village de Bourré. C'est de ses immenses carrières que sont sortis Chambord, Chenonceaux, Bury, et une partie de la ville de Tours.

La petite ville de SAINT-AIGNAN n'a conservé d'édifices remarquables que son château, habité par M. le prince de Chalais et sa fille, dernier rejeton de la famille de Beauvilliers, si longtemps possesseur de la terre de Saint-Aignan. Son admirable position et sa chapelle restaurée avec goût, mais surtout les vertus qui l'habitent, en font le plus beau monument du pays. On y voit avec intérêt un sarcophage apporté de Rome par le duc Paul de Beauvilliers.

Le voisinage du Cher a fait établir à Saint-Aignan des tanneries et corroiries, seul commerce de la localité.

En remontant le cours du Cher, on rencontre la ville de SELLES. On n'y remarque guère qu'un pavillon en ruines, restes d'un château splendide, que Philippe de Béthune, frère de Sully avait fait construire et où il avait réuni avec une magnificence royale, les plus belles collections en marbres, toiles et livres. Toutes les fondations importantes de la ville sont dues aux bienfaits de la famille de Béthune. Selles n'est le centre d'aucune industrie particulière importante. Elle renferme 4,000 âmes.

EGLISE DE NANTEUIL

# ROMORANTIN

Si notre cadre nous permettait de sortir du département, [no]us pousserions une reconnaissance jusqu'à Valençay, mais [no]us sommes forcés de revenir vers Romorantin.

Dès l'année 1200, Romorantin dépendait du grand fief des [co]mtes de Blois. Dans les partages de la maison d'Orléans, [R]omorantin fut donné au père de François I$^{er}$, qui y passa [le]s jeunes années dans un vieux château construit dans [u]ne île de la Sauldre. Henri II et François II y firent de [ra]res apparitions. L'édit qui attribua aux évêques la con[na]issance des crimes d'hérésie et sauva la France des fu[te]urs de l'inquisition, est daté de Romorantin. Une affaire [m]oins sérieuse, une question de mode, date également de [R]omorantin. Un soir, François I$^{er}$ et quelques jeunes fous de [se]s amis s'en allèrent assiéger Saint-Paul dans son hôtel. [S]aint-Paul et les siens répondent à cet assaut et tout leur sert [d]e projectiles. Dans la mêlée, François I$^{er}$ fut atteint à la [tê]te et au menton par un tison ardent. Il fallut couper les [ch]eveux pour panser l'une des blessures, et le jeune roi [la]issa pousser sa barbe pour cacher l'autre. Bientôt toute la [co]ur masculine porta tête tondue et menton barbu.

Le seul monument de la ville est le château, où l'on a [e]nfermé la sous-préfecture, le tribunal, la gendarmerie et [la] prison.

Dès le XV$^e$ siècle, des drapiers établis à Saint-Genoux [se] transportèrent à Romorantin, où la qualité des eaux du [M]orantin favorisa leur industrie, qui s'est continuée de nos [jo]urs avec succès. Les draps de Romorantin sont employés [p]our l'habillement des troupes, la garniture des voitures, [p]artout enfin où les besoins exigent plus de solidité que de [fi]nesse. Ses relations commerciales sont importantes et favo[r]isées par de belles routes avec Blois, Orléans, Vierzon et [T]ours. Sa population dépasse 7000 âmes. — 4 myriamètres [d]e Blois.

### La Ferté-Beauharnais. — Contres. — Cheverny. Madon. — Beauregard.

Nous ne pouvons passer devant *la Ferté-Beauharnais*, ce séjour d'une noble illustration, sans un souvenir mêlé d'amertume, en pensant que ce fut le point de départ, en 1793, du voyage d'Alexandre de Beauharnais.

*Contres* ne réveille notre souvenir que par la naissance de Eloi Johanneau, un des fondateurs de l'Académie celtique.

On aimerait à séjourner plus longtemps à *Cheverny*, berceau de toute une famille illustre et où naquit en 1528, Hurault de Cheverny, chancelier de France sous Henri III et Henri IV. M. le marquis de Vibraye, descendant de cette grande maison et propriétaire du château, lui a rendu son antique splendeur.

*Madon*, qui fut au moyen-âge une maison royale et plus tard un séjour de plaisance des évêques de Blois, appartient aujourd'hui à la famille d'Etchegoyen.

*Beauregard*, sur la commune de Cellettes, appartenait sous Henri II à Du Thiers, seigneur de Menars, qui fit élever le château que nous voyons aujourd'hui. Cette terre passa ensuite dans la maison de Gaucourt; puis, dans ces derniers temps, au général Préval. Plus tard, M$^{me}$ de S$^{te}$-Aldegonde, veuve du maréchal Augereau, vint l'habiter avec sa fille, la jeune duchesse de Dino. Cette terre appartient aujourd'hui à M. de Chollet.

# AMBOISE.

Il y a quelques années à peine, le voyageur qui descendait [la] Loire sur les légers paquebots qui sillonnaient le fleuve, [sa]luait en passant les hautes murailles du château d'Am[bo]ise, et son œil se levait perpendiculairement pour admi[re]r les créneaux de ses tours; aujourd'hui son regard rapide [n']aperçoit plus, du chemin de fer, que la masse imposante [du] château qui se détache sur le vert feuillage de ses ter[ras]ses.

De tous les châteaux du Blésois et de la Touraine, Amboise [est] le doyen. Cinquante-un ans avant Jésus-Christ, César [ét]ablissait un poste militaire sur la rive gauche du fleuve, y [fais]ait un pont et tous les ans venait passer quelques jours de [rep]os dans sa forteresse *d'Ambacia*.

Après la domination romaine, Alaric roi des Wisigoths, [lai]ssa à Amboise le souvenir de son entrevue avec Clovis. [Plu]s tard, Ingelger, comte d'Anjou, obtint de Louis-le-Bègue [la] seigneurie d'Amboise, dont le bourg appartenait encore [à] Haimon, seigneur de Buzançais. La réunion du bourg et [du] château se fit par le mariage de la nièce de Sulpice, fils [de] Robert, trésorier de Saint-Martin, avec Lizoy, fils du [sei]gneur de Lavardin.

À la mort de Charles VII, sa veuve Marie d'Anjou se retira [à] Amboise. C'est là que Louis XI reçut successivement le [du]c de Bourgogne, la reine d'Angleterre, le roi et la reine [de] Sicile; c'est à Amboise que fut créé l'ordre de Saint-[Mi]chel, peu de temps avant la mort de Louis XI. Charles VII [qu]i lui succéda, fit construire la merveilleuse chapelle que [no]us admirons, mais la mort le surprit avant qu'il eût pu [fa]ir achever le magnifique château qu'il destinait à rempla[ce]r le vieux manoir féodal. Louis XII y rejoignit bientôt alors la reine Anne de Bretagne, et sous le règne suivant, François I<sup>er</sup>, affectionna Amboise comme rendez-vous de ses fêtes. Il y reçut en 1539 Charles-Quint, qui lui avait demandé passage en France pour aller faire la guerre aux Flamands.

Après la *conjuration d'Amboise* (18 mars 1560), le château ne fut plus guère qu'une prison d'Etat ; abandonné par la cour, qui s'était retirée à Fontainebleau et au Louvre, il reçut successivement tous les factieux emprisonnés sous Henri III et les ministres disgraciés : Fouquet et Lauzun sous Louis XIV et Choiseul sous Louis XV.

A la mort du duc de Choiseul, la couronne racheta Amboise pour le donner au duc de Penthièvre.

Après la révolution, Napoléon en fit une sénatorerie en faveur de Royer-Ducos, son ancien collègue au consulat. Pendant sa possession, une partie des anciens et magnifiques bâtiments qui tombait presque en ruines disparut.

Rentré, depuis la Restauration, dans la maison d'Orléans, le château d'Amboise a subi quelques restaurations assez mesquinement exécutées. Sans changer de destination, il abrite encore l'exil d'un célèbre captif. L'Emir Abd-el-Kader, peut y rêver sur ses magnifiques terrasses au ciel brûlant de son pays.

Les visiteurs qui affluaient à Amboise avant cette captivité, en sont un peu éloignés aujourd'hui par la difficulté de visiter en détail son château. Deux fois la semaine seulement, les lundi et jeudi, l'entrée de la chapelle et des jardins est ouverte au public.

Amboise n'a guère de commerce spécial important que celui des vins de la Touraine. La station du chemin de fer se trouve sur la rive droite de la Loire à l'extrémité du dernier faubourg.

4 myriamètres de Blois, 25 kilomètres de Tours.

# CHENONCEAUX.

Dirons-nous avec Loret? *(Voyage de la Cour à Chambord)*:

> *Basti si magnifiquement*
> *Il est debout comme un géant,*
> *Dedans le lit de la rivière,*
> *C'est-à-dire, dessus un pont.*

Non, Chenonceaux ne ressemble point à un géant. Il n'a point les proportions de Blois et de Chambord ses voisins. Flanqué de jolies tourelles, orné d'arabesques, contourné de balcons, enjolivé et doré, il offre aux yeux ravis toutes les splendeurs des châteaux de la renaissance, mais dans des proportions qui disent assez que ses nobles hôtes d'autrefois le fesaient plutôt au charmant castel pour doucement penser qu'un bruyant séjour des cours.

Dès l'année 1272, la terre de Chenonceaux était possédée par *Marques* d'Auvergne, dont un des descendants Pierre Marques, la vendit en 1496 à Thomas Boyer, chambellan de Louis XII.

C'est à Thomas Boyer et à Catherine Briçonnet, sa femme, que l'on est redevable de cette délicieuse et vraiment royale construction qui date de 1517.

Le pavillon principal du château est coquettement assis sur la rive droite du Cher. La partie la plus importante, celle qui peut justifier l'épigraphe de Loret, est la grande galerie qui traverse le fleuve sur un pont unissant les deux rives.

Le trésor royal et celui de l'Etat ont-ils fourni les fonds de cette magnifique construction? on serait autorisé à le croire, quand on voit Antoine Boyer, fils du premier propriétaire, obligé d'abandonner la terre de Chenonceaux à François Ier. Henri II après la mort de son père, donna la terre de Chenonceaux à la belle Diane, mais la jalousie de Catherine de Médicis força bientôt Diane, d'abord à payer son cadeau à son ancien propriétaire Antoine Boyer, et ensuite à l'échanger contre la terre de Chaumont qu'elle quitta bientôt pour son château d'Anet. Ce fut Diane qui fit élever le pont sur lequel repose la galerie.

Catherine en mourant légua Chenonceaux à Louise de Lorraine, femme de Henri III, qui l'habita jusqu'à sa mort. Passée dans la famille de Vendôme par le mariage de César avec Mademoiselle de Mercœur, nièce de la reine, cette terre fut un peu oubliée par ses propriétaires. Vendue par la princesse de Condé à M. Le Duc, ministre de Louis XV, elle fut achetée en 1733 par M. et Mme Dupin, aïeux de M. et Mme de Villeneuve, les propriétaires actuels.

M. et Mme Dupin, qui à la célébrité réunissaient les qualités de l'esprit et du cœur, firent de Chenonceaux un hôtel de Rambouillet au milieu d'un riant paysage. Jean-Jacques Rousseau, qui fut un instant secrétaire de Mme Dupin, y composa, pour le théâtre du château, son *Devin de Village*.

M. et Mme de Villeneuve continuent les nobles traditions de leurs aïeux et laissent chaque jour, aux voyageurs appréciateurs, le plaisir d'admirer les chefs-d'œuvres de la renaissance réunis dans leur résidence.

En traversant la forêt pour rentrer à Amboise, on aperçoit à quelques centaines de mètres à gauche de la route, la *Pagode de Chanteloup*, seul reste encore debout du château que fit construire Choiseul pour occuper les loisirs de son exil.

---

BLOIS — Imprimerie de MORARD et BERGADIEU.

www.ingramcontent.com/pod-product-compliance
Lightning Source LLC
Chambersburg PA
CBHW060716050426
42451CB00010B/1470